Öffnung der ausländischen Märkte. Überlegungen und Herausforderungen für international expandierende Unternehmen

Maja Rohde-Niehaus

Bibliografische Information der Deutschen Nationalbibliothek:

Die Deutsche Nationalbibliothek verzeichnet diese Publikation in der Deutschen Nationalbibliografie; detaillierte bibliografische Daten sind im Internet über http://dnb.d-nb.de abrufbar.

ISBN: 9783346902184
Dieses Buch ist auch als E-Book erhältlich.

Druck und Bindung: Books on Demand GmbH, Norderstedt Germany
Gedruckt auf säurefreiem Papier aus verantwortungsvollen Quellen

Das vorliegende Werk wurde sorgfältig erarbeitet. Dennoch übernehmen Autoren und Verlag für die Richtigkeit von Angaben, Hinweisen, Links und Ratschlägen sowie eventuelle Druckfehler keine Haftung.

Das Buch bei GRIN: https://www.grin.com/document/1368819

Inhalt

1. Einleitung

Der starke und aggressive Verdrängungswettbewerb auf dem deutschen Markt, zwingt Unternehmen sich langfristig stärker auf neue ausländische Märkte zu fokussieren. Für Unternehmen, die ihre Tätigkeiten international ausbauen möchten, ist die Öffnung von ausländischen Märkten ein entscheidender Schritt. Es bietet die Möglichkeit, in neue Märkte für Vertrieb und Dienstleistungen zu expandieren, wodurch das Geschäftswachstum beschleunigt und die Wettbewerbsfähigkeit verbessert wird. Dennoch ist das Öffnen ausländischer Märkte eine anspruchsvolle Aufgabe, die eine sorgfältige Planung, Vorbereitung und Implementierung erfordert. Das Thema der Öffnung der ausländischen Märkte wird in dieser Hausarbeit, anhand eins fiktiven Fallbeispiels eines Unternehmens (Alternative A) ausführlich diskutiert und die wichtigsten Überlegungen und Herausforderungen für das Unternehmen, welches erfolgreich international expandieren will, werden hervorgehoben.

1.2. Problemdarstellung

Insgesamt gibt es viele Optionen für die Lokalisierung und Nutzung alternativer Märkte, um neue Möglichkeiten für Wachstum und Entwicklung zu bieten. Dabei fragen sich Unternehmen wie „Montagna Cycle", auf welchen Märkten die Expansion ausgerichtet werden und in welchem Umfang dies geschehen soll.

Entscheidet dabei ist hier, eine gründliche Analyse durchzuführen und geeignete Strategien zu entwickeln, um sicherzustellen, dass die gewählten Alternativen tatsächlich die gewünschten Vorteile liefern und nicht zu unerwarteten Risiken führen.

1.3 Ziel der Hausarbeit

Ziel dieser Hausarbeit ist es, Theoretische Grundlagen mit der Aufgabenstellung in der Falldarstellung in Zusammenhang zu bringen und zu diskutieren.

Mögliche Handlungsempfehlungen für das fiktive Unternehmen „Montagna Cycle" werden daruaffolgend diskutiert.

1.4 Das Unternehmen

Das Unternehmen "Montagna Cycle" wurde in Utting/Ammersee als Hersteller von hochwertigen Mountainbikes gegründet. Das Zielpublikum sind junge, preisbewusste Biker. Das Motto "von Biker zu Biker" leitet die Entwicklung und Produktion dieses Premium-Qualitätsproduktes.

Das Unternehmen ist derzeit auf dem Markt als kreativer Fahrradhersteller mit einem ausgezeichneten Preis-Leistungs-Verhältnis bekannt.

"Montagen Cycle brauchte mehr als fünf Jahre, um sich auf den Markt zu etablieren. Das Einkommen und das Gewinnwachstum in den vergangenen Jahren waren konsequent stabil. Stationäre Verkäufe werden auf dem deutschen Markt durchgeführt. Allerdings möchte das Unternehmen in Zukunft auch, die ausländischen Märkte erobern.

1.5 Fragestellung A1

„„Montagna Cycle" plant zukünftig die Auslandsmärkte zu erobern. Diskutieren Sie die unterschiedlichen Typen von Strategien (international, multinational, global, transnational) und grenzen Sie diese voneinander ab. Schließen Sie die Diskussion mit einer Handlungsempfehlung für „Montagna Cycle" ab, indem Sie eine klare Position für eine Strategie beziehen und begründen, warum Sie diese Entscheidung getroffen haben" [1]

1.6 Fragestellung A2

„Um die ausländischen Märkte zu erobern, bieten sich allerdings auch andere Möglichkeiten an. Diskutieren Sie diese kritisch und sprechen Sie für „Montagna Cycle" eine Handlungsempfehlung aus." [2]

2. Aufbau der Hausarbeit

Die theoretischen Grundlagen der Internationalisierung werden in dieser Arbeit vorgestellt. Es werden verschiedene Motivationen und Treiber diskutiert, sowie Chancen und Risiken für Unternehmen. Es gibt viele verschiedene Arten von Internationalisierungsstrategien, darunter internationale, multinationale, globale und transnationale. Diese Arten von Internationalisierung werden beschrieben und voneinander abgegrenzt. Der theoretische Abschnitt wird durch eine Zusammenfassung abgeschlossen. Im dritten Kapitel wird das Unternehmen "Montagna Cycle" behandelt. Die zuvor diskutierten Internationalisierungsstrategien werden in Bezug auf die Möglichkeiten des „Montagna Cycle" diskutiert und Empfehlungen zur Umsetzung abgegeben.

---

[1] Vgl. Themenkatalog - gültig 01.01.2023 - 31.01.2024, Prof. Dr. Kirsten Hermann
[2] Vgl. Themenkatalog - gültig 01.01.2023 - 31.01.2024, Prof. Dr. Kirsten Hermann

3. Theoretischen Grundlagen und Aspekte

Die Expansion von Unternehmen über ihre inländischen Grenzen hinaus, um neue Märkte im Ausland zu betreten, wird als die "Eroberung der ausländischen Märkte" bezeichnet, auch bekannt als "Internationalisierung" von Unternehmen.

Dieser Prozess hat mehrere theoretische Grundlagen und Komponenten, die Unternehmen berücksichtigen sollten. Bevor im Einzelnen auf Strategien detailliert eingegangen wird, sollen verschiedene Faktoren vorgestellte werden, die die Entscheidungen von Unternehmen, ausländische Märkte zu erobern stark beeinflussen und prägen.

o **Marktkräfte:** Faktoren, die die allgemeine Richtung des Geschäfts beeinflussen, werden in die Marktkräfte aufgenommen. Die Notwendigkeit, Produkte und Prozesse, die stark von den Bedürfnissen und Präferenzen des Kunden abhängig sind, zu standardisieren, steht an erster Stelle[3].

Es ist notwendig, den Grad der Individualisierung eines Marktes und seiner Zielmärkte in Bezug auf die Unternehmensstruktur und die angebotenen Waren oder Dienstleistungen zu analysieren.

o **Kostenkräfte:** Zum Einem, können aufgrund der Öffnung der ausländischen Märkte, Unternehmen einen deutlichen Anstieg der Absatzwerte und damit der Geschäftsumsätze feststellen. Auf der anderen Seite haben multinationale Strategien das Potenzial, Kosten innerhalb des Unternehmens langfristig durch Skalar- und Lern-Effekte zu senken[4]. Dies führt zu synergistischen Effekten in den Bereichen Produktion und Kauf.

o **Staatliche Kräfte:** Es ist vor dem Eintritt in einen bestimmten Markt wichtig, das politische Klima sowie alle geltenden individuellen Vorschriften und Gesetze zu überprüfen. Wesentliche Merkmale umfassen technische Standards, den Umgang mit ausländischen Unternehmen, Subventionen, Währungsproblemen und den Umgang mit materiellem und immateriellem Eigentum. [5]

o **Wettbewerbskräfte:** basieren sowohl auf internen als auch auf externen Faktoren. Intern liegt der Fokus der Ermittlungen auf der Organisation von Handelsaktivitäten in verschiedenen Nationen. Unterschiedliche Marktaktivitäten führen in der Regel zu einer gegenseitigen Beeinflussung aus globaler Sicht.

---

[3] Vgl. Johnson et al., 2011
[4] Vgl. Johnson et al., 2011
[5] Vgl. Johnson et al., 2011

Aus diesem Grund stehen Unternehmen unter größerem Druck, ihre Abläufe so zu koordinieren, dass ihre Gewinne maximiert werden. Die externe Seite untersucht, wie Wettbewerber miteinander interagieren. Welche Unternehmen sind auf dem Markt aktiv und wie würden Sie sie charakterisieren?

Aufgrund der Tatsache, dass ihre finanzielle Flexibilität oft viel größer ist als die kleineren Unternehmen, haben global agierende Unternehmen einen erheblichen finanziellen Vorteil gegenüber diesen. [6]

o **Marketing und Branding:** Im Prozess der Eroberung ausländischer Märkte sind Marketing und Brand Building von entscheidender Bedeutung. Unternehmen müssen ihre Marke, ihr Produkt oder ihre Dienstleistung im Zielland veröffentlichen und sich an die Bedingungen des lokalen Marktes anpassen. Dies umfasst die Schaffung einer internationalen Markenstrategie, die die Bedürfnisse und Wünsche des Zielmarktes priorisiert.

Johnson kommt zu dem Schluss, dass der Erfolg einer internationalen Strategie von den oben genannten Kräften abhängt und daher sehr variabel ist. Laut Johnson, schaffen die verschiedenen treibenden Kräfte eine große Anzahl von Faktoren, die Unternehmen in die Planung einer zielgerichteten Strategie einbeziehen müssen.

3.1 Internationaler Strategieansatz von Gerry Johnson

Die folgende Beschreibung der Formen internationaler Strategien orientiert sich an Gerry Johnson et al. (2011) Darstellung, die die Formulierung einer Internationalisierungsstrategie vom sogenannten „Global-Local-Dilemma" abhängig macht [7]. Unternehmen wie der erwähnte Mountainbike-Hersteller „Montagna Cycle" müssen sich überlegen, ob Produkte wie Mountainbikes einer durch die Globalisierung auferlegten Standardisierung ausgesetzt werden sollten (globale Dimension) oder „an die Anforderungen spezifischer lokaler Landesmärkte angepasst" werden müssen [8]. Johnson hat auf dieser Basis eine Matrix geschaffen, die mehrere Modelltypen für die Internationalisierung des wirtschaftlichen Status anzeigt, abhängig von der Stärke der entsprechenden Dimension.

---

[6] Vgl. Johnson et al., 2011
[7] Vgl. Johnson et al, 2011; S. 377
[8] Vgl.Johnson et al. 2011; S. 377

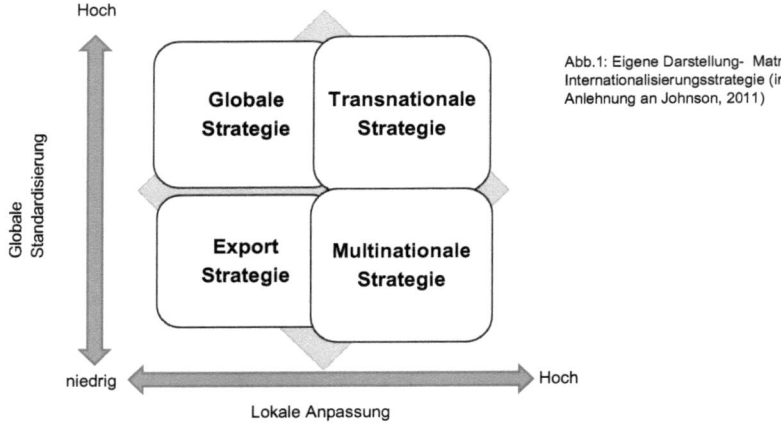

Abb.1: Eigene Darstellung- Matrix-Internationalisierungsstrategie (in Anlehnung an Johnson, 2011)

3.2 Vorstellung der Internationalen Strategien

In der heutigen globalisierten Welt ist die Wahl der richtigen strategischen Richtung für eine Organisation entscheidend für ihre Fähigkeit, erfolgreich auf der globalen Geschäftsebene zu konkurrieren. Es gibt verschiedene Arten von Strategien, die Unternehmen nutzen können, um ihre weltweiten Operationen zu verwalten. In diesem Kapitel werde ich die verschiedenen Arten von Strategien diskutieren und kategorisieren, einschließlich internationaler, multinationaler, globaler und transnationaler Strategien. Für Unternehmen, die auf internationalen Märkten tätig sind, ist die Auswahl der richtigen strategischen Richtung entscheidend.

Die Art und Weise, wie Unternehmen ihre globalen Geschäftstätigkeiten organisieren und koordinieren, kann einen signifikanten Einfluss auf ihre Fähigkeit haben, auf globalen Marktplätzen zu konkurrieren und erfolgreich zu sein.

Die Begriffe „international", „multinational", „global" und „transnational" sind Strategien, die Unternehmen verwenden, um ihre Operationen auf globaler Ebene zu planen und zu organisieren.

3.2.1 Internationale Strategie

Eine internationale Strategie zielt darauf ab, globale, multinationale und internationale Strategiekomponenten miteinander zu verbinden. Wenn dies geschieht, wird ein hohes Maß an Standardisierung gefordert, während lokale Unterschiede angemessen berücksichtigt werden. Unternehmen, die eine internationale Strategie verfolgen, neigen dazu, ihre Waren oder Dienstleistungen weitgehend zu standardisieren und globale Auswirkungen zu nutzen.

Unternehmen mit einer international ausgerichteten Strategie sind diejenigen, die ihre Geschäftstätigkeiten auf Märkte außerhalb ihres Heimatlandes ausdehnen und gleichzeitig unabhängige Tochtergesellschaften oder lokale Tochterunternehmen auf jedem Markt betreiben. Diese Unternehmen berücksichtigen die kulturellen, rechtlichen und wirtschaftlichen Unterschiede zwischen verschiedenen Nationen, wenn sie ihre Marketing- und Vertriebsstrategien an die einzigartigen Bedürfnisse jedes Marktes anpassen.[9]

3.2.2 Multinationale Strategie

Die multinationale Strategie konzentriert sich auf die Koordinierung von Aktivitäten über nationale Grenzen hinweg unter Berücksichtigung lokaler Bedingungen.

Der Begriff „multinational" bezieht sich auf Organisationen, die in mehreren Ländern tätig sind und gleichzeitig ein hohes Maß an Autonomie und Unabhängigkeit für jede ihrer Tochtergesellschaften beibehalten. Jede Tochtergesellschaft kann ihre eigene Geschäftsstrategie, ihren eigenen Marketing- und Vertriebsplan sowie ihre eigene Produkt- und Dienstleistungslinie entwickeln und ist weitgehend unabhängig von den anderen Tochtergesellschaften. Typischerweise gibt es wenig bis gar keine Koordination oder Integration zwischen den verschiedenen Tochterunternehmen. Eine multinational ausgerichtete Strategie ermöglicht es Unternehmen, die Vielfalt und Fülle von Märkten und Kulturen besser zu berücksichtigen, kann aber auch zu mangelnder Koordination und Skaleneffekten führen.[10]

3.2.3 Globale Strategie

Die Strategie konzentriert sich auf Unternehmen, die ihre Geschäftstätigkeiten auf internationalen Märkten standardisieren und harmonisieren. Diese Unternehmen haben eine konsistente Marketing- und Vertriebsstrategie, bieten weltweit die gleichen Waren und Dienstleistungen an und haben eine ähnliche Managementstruktur. Der Entscheidungsfindungsprozess ist zentralisiert und es gibt eine starke Koordination in den Gesellschaften vieler Länder. Eine global orientierte Strategie ermöglicht Unternehmen, durch die Verwendung von Synergien von Skalierungseffekten und Kosteneinsparungen zu profitieren, kann aber auch zu einer mangelnden Fähigkeit führen, sich an lokale Bedürfnisse und Präferenzen anzupassen.

---

[9] Vgl. https://wirtschaftslexikon.gabler.de/definition/internationale-strategie-37318/version-260756
[10] Vgl. https://wirtschaftslexikon.gabler.de/definition/multinationale-strategie-41334

Eine globale Strategie ist die strategische Richtung eines internationalen Unternehmens, das den Weltmarkt als einheitliches Ganzes betrachtet und die Produkt- und Prozessstandardisierung betont, um Wettbewerbsvorteile durch Skalierungseffekte zu erzielen. [11]

3.2.4 Transnationale Strategie

Ein Ansatz des internationalen Geschäftsmanagements, der als transnationale Strategie bekannt ist, verbindet globale, multinationale und internationale Strategiekomponenten, um eine ausgewogene Berücksichtigung der regionalen Unterschiede zu erreichen. Es ist wichtig für Unternehmen, die Fähigkeiten zu entwickeln, die für einen produktiven Dialog mit verschiedenen Umweltmerkmalen erforderlich sind. Transnationale Unternehmen beteiligen sich häufig an branchenübergreifenden Initiativen zur Förderung ethischer Geschäftspraktiken, wie dem UN Global Compact, der Global Reporting Initiative und den OECD-Grundsätzen für multinationale Unternehmen.

Insgesamt bezieht sich der Begriff "transnationale Strategie" auf eine Methode von führenden multinationalen Unternehmen, die versuchen, ein Gleichgewicht zwischen der Normung und der Berücksichtigung regionaler Unterschiede zu finden, während Unternehmen sich mit Initiativen für ethische Geschäftspraktiken beschäftigen. [12]

Abschließend kann gesagt werden, dass die Wahl der richtigen Strategie von einer Reihe von Variablen abhängt, einschließlich der Größe des Unternehmens, des Geschäftsmodells, der Ressourcen, der Branche und der Zielmärkte.

3.2.5 Abgrenzung der Strategien

Zusammenfassend lassen sich diese Strategien wie folgt voneinander abgrenzen: Internationale Strategien zielen darauf ab, Waren und Dienstleistungen in andere Länder zu exportieren, während multinationale und supranationale Strategien darauf abzielen, Tochtergesellschaften oder Tochtergesellschaften in verschiedenen Ländern zu gründen und zu betreiben. Globale Strategie zur Schaffung standardisierter Produkte und Dienstleistungen, kann in allen Ländern des Unternehmens angeboten werden.

---

[11] Vgl. https://link.springer.com/chapter/10.1007/978-3-322-82717-3_1
[12] Vgl. https://www.bpb.de/shop/zeitschriften/apuz/175496/transnationaleunternehmen

Transnationale Strategien kombinieren Elemente multinationaler und globaler Strategien, um lokale Anpassung und globale Wirksamkeit sicherzustellen. Es kann daher davon ausgegangen werden, dass die theoretischen Grundlagen internationaler, multinationaler, globaler und transnationaler Geschäftsstrategien darauf hindeuten, dass Unternehmen in einem zunehmend globalisierten Umfeld agieren und auf unterschiedliche Strategien zurückgreifen, um ihre Ziele zu erreichen.

4. Theorietransfer auf das Beispielunternehmen – A1 und eine Handlungsempfehlung

Um die Theorie auf das Beispielunternehmen zu übertragen, betrachten wir ein hypothetisches Unternehmen namens „Montagna Cycle". „Montagna Cycle" ist ein Mountainbikehersteller, der derzeit nur auf dem heimischen Markt tätig ist und sein Geschäft durch Expansion auf den internationalen Markt ausbauen möchte. Nach fünf Jahren der Etablierungsphase, plant das Unternehmen nun zukünftig auch auf dem ausländischen Markt erfolgreich zu sein und diesen zu erobern.
Im Kapitel drei wurden ausführlich die unterschiedlichen Typen der Strategien (international, multinational, global und transnational) erläutert und voneinander abgegrenzt.

4.1 Strategie Empfehlung

Für eine erfolgreiche Strategieentwicklung, um das Unternehmen auch auf dem ausländischen Markt etablieren zu können, wird hier die Internationale Strategie Empfohlen. Diese Empfehlung beruht auf einer Vielzahl von Faktoren.
Im Folgenden werden hier einige Vorteile der Internationalen Strategie aufgezeigt und Begründet:

1. Erweiterte Marktchancen: Indem Sie Ihre Produkte und Dienstleistungen in anderen Ländern anbieten, können Sie Ihren Markt durch die Verfolgung einer internationalen Strategie erheblich erweitern.
2. Diversifizierung des Risikos: Wenn Sie nur in einem Markt tätig sind, sind Sie von den Risiken und wirtschaftlichen Bedingungen dieses Marktes abhängig. Indem Sie in mehreren Ländern mit unterschiedlichen wirtschaftlichen Bedingungen tätig sind, kann eine internationale Strategie Ihnen helfen, das Risiko zu reduzieren, indem Sie Ihre Expositionsquellen diversifizieren.

3. <u>Zugang zu Ressourcen:</u> Durch eine internationale Strategie können Sie auch auf Ressourcen zurückgreifen, die auf Ihrem Heimatmarkt möglicherweise nicht leicht verfügbar sind. Dies kann beispielsweise die Möglichkeit sein, auf günstigere Ressourcen oder qualifizierte Arbeitskräfte zuzugreifen.

4. <u>Wettbewerbsvorteil:</u> Durch die Annahme neuer Technologien oder Geschäftspraktiken aus anderen Ländern kann eine internationale Strategie Ihnen auch helfen, Ihren Wettbewerbsvorteil zu stärken.

5. <u>Langfristige Wachstumschancen:</u> Investieren in Schwellenländer mit hohem Wachstumspotenzial ist ein weiterer Weg, wie eine internationale Strategie dazu beitragen kann, langfristigen Wachstumschancen zu schaffen.

Auch der hohe Standardisierungsgrad von Produkten und Prozessen kann Kosten senken und die Produktionseffizienz steigern. Die Wirksamkeit dieser Strategie hängt von den jeweiligen Anforderungen und Zielen des Unternehmens ab.

Diese Vorteile können jedoch auch mit einigen Nachteilen einhergehen, wie z. B. höheren Preisen, kulturellen Unterschieden und alternativen Rechtssystemen. Um eine internationale Strategie effektiv umzusetzen, sind sorgfältige Planung und gründliche Marktforschung unerlässlich. Insgesamt gibt es mehrere Gründe für das Unternehmen „Montagna Cycle", sich für die internationale Strategie zu entscheiden. Die Motivation des Unternehmens ist groß, unter anderem in neue internationale Märkte expandieren zu können und Umsatz- und Gewinnpotenziale zu steigern. „Montagna Cycle" hat nach einigen Jahren, auf dem deutschen Markt eine gute Ausgangslage erwirtschaftet, allerdings ist diese begrenzt und stößt irgendwann an Wachstumsgrenzen.[13]

---

[13]

Vgl.:https://www.marketinginstitut.biz/blog/internationalisierung/#definition_was_bedeutet_internationalisierung
Vgl.:https://www.personio.de/hr-lexikon/internationalisierung/#welche-internationalisierungsstrategien-gibt-es
Vgl.: https://www.springerprofessional.de/expansion/risikomanagement/internationalisierung-von-unternehmen-lohnt-sich/16899560

4.2 Handlungsempfehlung

Um eine erfolgreiche internationale Strategie zu entwickeln, empfehle ich die folgenden Handlungsempfehlungen:

1. Klare Zielsetzung: Es sollten klare Ziele und Prioritäten festgelegt werde, die auf den Zielmärkten basieren und das größte Potenzial für das Unternehmen bieten. Die Ziele sollten spezifisch, messbar und erreichbar sein (SMART).

2. Umfeldanalyse: Es wird empfohlen eine umfassende Umfeldanalyse durchzuführen, um die Bedürfnisse und Vorlieben der Zielmärkte zu verstehen. Berücksichtigen werden sollte dabei die kulturellen Unterschiede, rechtliche Rahmenbedingungen, Wettbewerbsbedingungen und die Trends in der Branche. Die STEP- Analyse stellt hier ein geeignetes Instrument da.

    In dieser spezifischen Umfeldanalyse werden die soziologischen, technologischen und politischen Aspekte unterschieden und hinsichtlich ihrer Auswirkungen auf die strategische Entwicklung eines Unternehmens untersucht. Trends werden aus vier Perspektiven (Soziokulturelle-, Technologische-, Ökologische-, Politische Perspektive) identifiziert und dabei die Auswirkungen zukünftiger Veränderungen auf die zukünftige Wettbewerbsfähigkeit des Unternehmens berücksichtigt. [14]

3. Strategische Kostenanalyse: Damit stellt sich die Frage, welche Aktivitäten einen wesentlichen Einfluss auf die Höhe und Entwicklung der Kosten haben. Beispiele sind Arbeitskosten, Auslastung und Produktmix. Es muss sichergestellt werden, dass ausreichend Ressourcen zur Verfügung stehen, um die internationale Strategie umzusetzen. Dies umfasst finanzielle Mittel, qualifiziertes Personal und Infrastruktur. [15]

4. SWOT Analyse: Das Potenzial und die Grenzen des Unternehmens im Vergleich zu seinen Wettbewerbern werden berücksichtigt und daraus die zukünftigen Erfolgsfaktoren abgeleitet. Das Ziel der SWOT-Analyse besteht darin, Chancen und Risiken, die bei der externen Analyse identifiziert wurden, mit internen Ressourcen und Schwachstellen zu verknüpfen. [16]

---

[14] Vgl.: Studienbrief SRH Fernhochschule – The Mobile University Kompendium der Unternehmensführung Titel Nr. 1723-01
[15] Vgl.: Studienbrief SRH Fernhochschule – The Mobile University Kompendium der Unternehmensführung Titel Nr. 1723-01
[16] Vgl.: Studienbrief SRH Fernhochschule – The Mobile University Kompendium der Unternehmensführung Titel Nr. 1723-01

Durch die Umsetzung dieser Handlungsempfehlungen verschaffen sich das Unternehmen „Montagna Cycle", bei einer erfolgreich entwickelten internationalen Strategie und Umsetzung dieser, Zugang zu neuen Märkten und Kunden.

5. Theorietransfer auf das Beispielunternehmen – A2 und eine Handlungsempfehlung

Die Internationalisierung von Unternehmen kann ein zeitaufwändiger und anspruchsvoller Prozess sein, der eine sorgfältige Planung erfordert, um erfolgreich zu sein. Es gibt jedoch unterschiedliche Optionen, die Unternehmen neben der direkten Ausweitung auf ausländische Märkte in Betracht ziehen können.

Abb.2: Eigene Darstellung- Optionen zu Eroberung der ausländischen Märkte

5.1 Erläuterung der einzelnen Optionen

➤ **Lizenzen:** Erteilung einer Lizenz an ein unabhängiges ausländisches Unternehmen zur Herstellung und zum Verkauf von Waren oder Dienstleistungen im Ausland gegen eine Lizenzgebühr.[17]

➤ **Franchisekonzepts:** Durch die Einrichtung eines Franchisekonzepts, bei dem ein ausländischer Franchisenehmer Dienstleistungen im Auftrag eines in ausländischen Märkten expandierenden Unternehmens gegen Zahlung von Franchisegebühren erstellt und verkauft, unterstützt durch den Franchisegeber (z. B. Marketing, Logistik, Produktionstechnik/-prozesse);[18]

➤ **Direktinvestitionen:** im Rahmen des Aufbaus eigener Aktivitäten auf ausländischen Märkten zur Erbringung von Dienstleistungen und/oder Verkäufen durch Direktinvestitionen; oder[19]

➤ **Joint Ventures:** Ein Joint Venture (Übersetzung aus dem Englischen: gemeinsames Wagnis) ist nach Handelsrecht ein Zusammenschluss von zwei oder mehreren Unternehmen, die zusammenarbeiten, um ein gemeinsames Ziel zu erreichen. Jedes Partnerunternehmen bringt Kapital und Know-how in das Joint Venture ein.[20]

5.2 Vor- und Nachteile der unterschiedlichen Optionen

Die oben genannten vier Optionen – Lizenzierung, Franchisekonzepte, Direktinvestitionen und Joint Ventures – können als Instrument für internationale Geschäftskooperationen genutzt werden. Jede dieser Optionen hat ihre Vor- und Nachteile und sollte kritisch diskutiert werden.

---

[17] Vgl.: Studienbrief SRH Fernhochschule – The Mobile University Kompendium der Unternehmensführung Titel Nr. 1723-01
[18] Vgl.: Studienbrief SRH Fernhochschule – The Mobile University Kompendium der Unternehmensführung Titel Nr. 1723-01
[19] Vgl.: Studienbrief SRH Fernhochschule – The Mobile University Kompendium der Unternehmensführung Titel Nr. 1723-01
[20] Vgl.: Studienbrief SRH Fernhochschule – The Mobile University Kompendium der Unternehmensführung Titel Nr. 1723-01

Eine internationale **Lizenz** ist sinnvoll, wenn sie die Einfuhr und Direktinvestitionen ausländischer Unternehmen im Zielland verhindert. Der Lizenzgeber erteilt dem Lizenznehmer gegen eine Gebühr die Erlaubnis, seine Patente, Urheberrechte, Marken oder sein Know-how zu nutzen. Dadurch erhalten Lizenznehmer Zugang zu Technologie und Know-how und zusätzliche Einnahmen für Lizenzgeber. Unterschiede in der kulturellen und technischen Entwicklung und fehlende Verwaltungsoptionen können jedoch Probleme bei der internationalen Lizenzierung aufwerfen.[21]

Eine weitere Möglichkeit der Zusammenarbeit zwischen Unternehmen ist das **Franchise-Konzept**. Der Franchisegeber räumt dem Franchisenehmer das Recht ein, die Marke, das Know-how und die Geschäftsidee des Franchisenehmers gegen Entgelt zu nutzen. Dies gibt Franchisegebern die Möglichkeit, ihre Marken und Geschäftskonzepte schnell und kostengünstig in neue Märkte zu expandieren, und ermöglicht es Franchisenehmern, von etablierten Marken und Geschäftsprozessen zu profitieren. Allerdings können durch das Konzept des Franchising Abhängigkeiten zwischen Vertragspartnern entstehen, die den Erfolg des Geschäftsmodells unterminieren können. [22]

Direktinvestitionen bieten Unternehmen die Möglichkeit, eigene Niederlassungen im Ausland zu gründen und direkt in neuen Märkten zu agieren. Unternehmen investieren direkt in ausländische Unternehmen oder gründen eigene Tochtergesellschaften. Eine direkte Präsenz ermöglicht es dem Unternehmen, die lokalen Marktbedingungen genauer einzuschätzen und seine Produkte und Dienstleistungen besser auf die Kundenbedürfnisse abzustimmen. Direktinvestitionen sind jedoch mit hohen Investitionskosten und Risiken verbunden.[23]

Ein Joint Venture ist ein Zusammenschluss von mindestens zwei Unternehmen, die gemeinsam ein neues Unternehmen gründen oder ein bestehendes Unternehmen betreiben. Durch die Zusammenarbeit können Partner die Stärken des anderen nutzen und wettbewerbsfähiger werden. Joint Ventures können jedoch zu Konflikten zwischen Partnern führen und Informationsasymmetrien und ungleiche Einflussmöglichkeiten bergen.[24]

---

[21] https://wirtschaftslexikon.gabler.de/definition/internationale-lizenz-41106/version-264478
[22] https://interman.uni-hohenheim.de/fileadmin/einrichtungen/interman/Discussion_Papers/Herstatt_Walch_lizensierung_als_Instrument_01.pdf
[23] https://wirtschaftslexikon.gabler.de/definition/direktinvestition-28357/version-251989
[24] https://www.firma.de/firmengruendung/joint-ventures-definition-arten-beispiele/#vorteile-nachteile

Zusammenfassend lässt sich sagen, dass jedes der genannten Optionen seine Stärken und Schwächen hat, die Unternehmen kritisch diskutieren sollten, bevor sie sich für eine dieser Möglichkeiten entscheiden. Eine klare Geschäftsstrategie ist für den Erfolg auf ausländischen Märkten unerlässlich.

5.3. Exkurs: Wettbewerbsvorteile durch internationale Konfiguration der Wertschöpfungskette

Die internationale Konfiguration von Wertschöpfungsketten hilft Unternehmen dabei, Wettbewerbsvorteile zu erzielen, indem sie es ihnen ermöglicht, Kosten zu senken, Produkte und Dienstleistungen zu verbessern und ihren Kunden einen höheren Mehrwert zu bieten. Hier sind einige Beispiele:[25] [26]

1. **Kostenersparnis:** Durch die Verlagerung bestimmter Produktionsprozesse in Länder mit niedrigeren Arbeitskosten können Unternehmen Kosten senken und wettbewerbsfähigere Preise anbieten.
2. **Verbesserung der Produktqualität:**
   Durch die Nutzung der besten weltweit verfügbaren Ressourcen und Fertigungstechniken können Unternehmen die Qualität ihrer Produkte und Dienstleistungen verbessern und sich von ihren Mitbewerbern abheben.
3. **Schnellerer Marktzugang:** Unternehmen können ihre Produkte schneller auf den Markt bringen und durch internationale Zusammenarbeit und die Aufteilung der Produktionsschritte einen Wettbewerbsvorteil erlangen.
4. **Höherer Kundenniveau:** Unternehmen, die eng mit Lieferanten und Partnern auf der ganzen Welt zusammenarbeiten, können ihren Kunden ein höheres Wertniveau bieten, indem sie ihnen eine breitere Auswahl an Waren und Dienstleistungen sowie eine bessere Qualität und Zuverlässigkeit bieten.
5. **Neue Märkte öffnen:** Durch den Aufbau der Wertschöpfungskette auf internationaler Ebene können Unternehmen leichter neue Märkte eröffnen und ihren Marktanteil erhöhen.

Die internationale Ausgestaltung von Wertschöpfungsketten bringt jedoch auch Herausforderungen wie kulturelle Unterschiede, Sprachbarrieren und länderspezifische Vorschriften mit sich.

---

[25] Vgl.: Studienbrief SRH Fernhochschule – The Mobile University Kompendium der Unternehmensführung Titel Nr. 1723-01
[26] Vgl. Joachim Reese, 2016

Unternehmen müssen sich daher diesen Herausforderungen stellen können, um von der internationalen Zusammensetzung der Wertschöpfungsketten zu profitieren.

5.4. Handlungsempfehlung

Um den ausländischen Markt zu erobern und somit die Marke „Montagna Cycle" über die Grenzen Deutschlands hinaus zu etablieren, wird sich hier für Option des Join Venture ausgesprochen. Folgende Begründung:

Ein Unternehmen kann sich für eine Joint-Venture-Strategie entscheiden, um mehrere Vorteile zu nutzen. Risiken und Gefahren können durch die Zusammenarbeit eines Unternehmens auf mindestens zwei Partner verteilt werden, sodass ein Unternehmen diese nicht vollständig alleine tragen muss. Das Joint Venture ermöglicht zudem die Nutzung der lokalen Marktexpertise der Partnerunternehmen und eine verbesserte Ressourcennutzung. Ein Joint Venture bietet den beteiligten Unternehmen also viel Potenzial, ist aber nicht risikofrei. Werden die entscheidenden Erfolgsfaktoren berücksichtigt, bietet das Joint Venture einen Mehrwert für alle Beteiligten. Da sie den Ausgleich finanzieller Risiken ermöglichen, sind Joint Ventures für die nationale und internationale Geschäftsausweitung von entscheidender Bedeutung.[27] [28]

6. Fazit

Die Eroberung ausländischer Märkte kann für ein Unternehmen sowohl Chancen als auch Risiken darstellen. Beim Eintritt in ausländische Märkte sind viele Faktoren zu berücksichtigen, darunter kulturelle Unterschiede, rechtliche Rahmenbedingungen, politische Instabilität, wirtschaftliche Instabilität und Währungsschwankungen.

Der Vorteil der Eroberung ausländischer Märkte liegt darin, dass das Unternehmen neue Absatzmärkte erschließen und Umsatz und Gewinn steigern kann. Das Unternehmen kann auch von niedrigeren Produktionskosten in anderen Ländern profitieren, was es wettbewerbsfähiger macht. Darüber hinaus trägt die Expansion in ausländische Märkte dazu bei, das Risiko einer Marktsättigung und schrumpfender Absatzmärkte in einem Land zu verringern.

Der Eintritt in ausländische Märkte birgt jedoch auch potenzielle Risiken. Eine der größten Herausforderungen ist das Verständnis und die Anpassung an die lokalen Marktbedingungen. Kulturelle Unterschiede können es Unternehmen erschweren, ihre Produkte und Dienstleistungen erfolgreich in neuen Märkten zu vermarkten.

---

[27] https://www.ey.com/de_de/strategy-transactions/darum-sind-joint-ventures-oft-eine-gute-wahl
[28] https://www.bwl-lexikon.de/wiki/joint-venture/

Es kann schwierig sein, das richtige Personal zu finden, das mit der lokalen Kultur und Sprache vertraut ist. Gesetzliche und politische Rahmenbedingungen können zusätzlich ein Hindernis für Unternehmen sein, die in internationale Märkte expandieren wollen. Beispielsweise können bestimmte Nationen Beschränkungen für den Import oder Export von Waren und Dienstleistungen auferlegen oder die Einhaltung bestimmter Zertifizierungen oder Standards verlangen.

Darüber hinaus können Währungsschwankungen das Risiko für Unternehmen erhöhen, die in ausländische Märkte expandieren möchten. Eine starke Währung kann den Export steigern, während eine schwache Währung den Zufluss von Waren und Dienstleistungen verringern kann. Politische Unruhen oder Konflikte können den Geschäftsbetrieb beeinträchtigen oder sogar dazu führen, dass sich ein Unternehmen aus einem Markt zurückzieht, was sie zu einem Risiko für Unternehmen macht.

Zusammenfassend lässt sich sagen, dass die Öffnung ausländischer Märkte für Unternehmen sowohl Chancen als auch Risiken birgt. Um erfolgreich in ausländische Märkte zu wachsen, ist es unerlässlich, die lokalen Marktbedingungen zu verstehen, eine geeignete Strategie zu entwickeln und ein angemessenes Risikomanagement zu implementieren.

I. Literaturverzeichnis

Ihr Studienbrief SRH Fernhochschule – The Mobile University Titel Nr. 1723-01 Kompendium der Unternehmensführung

Zentes, Joachim, Morschett, Dirk, Schramm-Klein, Hanna (Hrsg.), (2004), **Außenhandel: Marketingstrategien und Managementkonzepte,** Wiesbaden

Reese, Joachim, (2016), **Management von Wertschöpfungsketten,** München

Thiel, Christian (Autor), Benkenstein, Martin (Hrsg.), (2007), **Marketing und Innovationmanagement Gestaltung von Vertriebsstrukturen im Auslandsmarkt: Konzeption eines transaktionskostenbasierten Prozessmodells und seine Anwendung in der Automobilindustrie (Marketing und Innovationsmanagement),** Wiesbaden

Voigt, Kai- Ingo, (1993), **Strategische Unternehmensplanung: Grundlagen — Konzepte — Anwendung,** Wiesbaden

Johnson, Gerry, Scholes, Kevan, Whittington, Richard, (2011), **Strategisches Management - Eine Einführung: Analyse, Entscheidung und Umsetzung / 9. Auflage,** München

Prof. Dr. Sure, Matthias, (2017), **Internationales Management: Grundlagen, Strategien und Konzepte,** Wiesbaden

Winter, Eggert, (2000), **Gabler WirtschaftslexikonDie ganze Welt der Wirtschaft: Betriebswirtschaft, Volkswirtschaft, Recht und Steuern,** 15. Auflage, Wiesbaden

Meyer, Christian, Mees, Anna Lena und Kruber, Klaus-Peter, Heftreihe: Informationen zur politischen Bildung/ IzpB, **Theoretische Grundlagen des internationalen Handels,** 27.08.2008

II. Internetquellen

Coni-Zimmer, Melanie und Flohr, Annegret, (2013), **Transnationale Unternehmen Problemverursacher und Lösungspartner?, Heftreihe: bpb – Bundeszentrale für politische Bildung**
https://www.bpb.de/shop/zeitschriften/apuz/175496/transnationale-unternehmen/
Zugriff am 14.04.2023

Amerland, Andrea, (2019), **Internationalisierung von Unternehmen lohnt sich,**
https://www.springerprofessional.de/expansion/risikomanagement/internationalisieru
ng-von-unternehmen-lohnt-sich/16899560
Zugriff am 27.04.2023

Herstatt, Cornelius, Walch, Sabine, (1999), **Lizensierung als Instrument des Internationalen Technologiemarketings**, https://interman.uni-hohenheim.de/fileadmin/einrichtungen/interman/Discussion_Papers/Herstatt_Walch_lizensierung_als_Instrument_01.pdf
Zugriff am 30.04.2023

Dr. Weerth, Carsten, Prof. Dr. Klein, Martin, (2018), **Direktinvestition,** https://wirtschaftslexikon.gabler.de/definition/direktinvestition-28357/version-251989
Zugriff am 01.05.2023

o.V., (o.J.), **Was ist ein Joint Venture?,** https://www.firma.de/firmengruendung/joint-ventures-definition-arten-beispiele/#vorteile-nachteile
Zugriff am 01.05.2023

Wunderlich, Malte, (2023), **Wieso ein Joint Venture häufig die richtige Wahl sein könnte**
https://www.ey.com/de_de/strategy-transactions/darum-sind-joint-ventures-oft-eine-gute-wahl
Zugriff am 02.05.2023

o.V., (o.J.), **Joint Venture**
https://www.bwl-lexikon.de/wiki/joint-venture/
Zugriff am 02.05.2023

Bundesministerium für Wirtschaft und Energie (BMWi) (Hrsg.), (o.J.), **Erschließung ausländischer Märkte Das BMWi-Managerfortbildungsprogramm – Erfolgsgeschichten deutscher Unternehmen,**
https://www.bmwk.de/Redaktion/DE/Publikationen/Aussenwirtschaft/erschliessung-auslaendischer-maerkte.pdf?__blob=publicationFile&v=27
Zugriff am 12.04.2023

Meyer, Christian, Mees, Anna Lena, Kruber, Klaus-Peter, (2008), **Theoretische Grundlagen des internationalen Handels,**
https://www.bpb.de/shop/zeitschriften/izpb/internationale-wirtschaftsbeziehungen-299/8194/theoretische-grundlagen-des-internationalen-handels/
Zugriff am 12.04.2023

Prof. Dr. Altmann, Jörn, (2018), **Auslandsmarktselektion,**
https://wirtschaftslexikon.gabler.de/definition/auslandsmarktselektion-28830
Zugriff am 10.4.2023

o.V., (o.J.), **Auslandsmarkt, https://studienretter.de/auslandsmarkt/**
Zugriff am 03.04.2023

o.V., (o.J.), **Internationalisierung: Vorteile, Chancen und Herausforderungen**
https://www.marketinginstitut.biz/blog/internationalisierung/#definition_was_bedeutet_internationalisierung
Zugriff am 27.04.2023

Prof. Dr. Engelhard, Johann, (2018), **internationale Strategie Definition: Was ist "internationale Strategie"?,**
https://wirtschaftslexikon.gabler.de/definition/internationale-strategie-37318
Zugriff am 13.04.2023

Prof. Dr. Engelhard, Johann, (2018), **internationale Lizenz Definition: Was ist "internationale Lizenz"?,**
https://wirtschaftslexikon.gabler.de/definition/internationale-lizenz-41106/version-264478   Zugriff am 02.05.2023

III. Abbildungsverzeichnis